Inhaltsverzeichnis

Vorwort

Im Laufe meiner Karriere habe ich als aktiver Reiter als auch als Trainer sehr viel gelernt und gesehen. Insbesondere als Trainer konnte ich erkennen wo die Probleme bei den meisten Reitern liegen. Auch da an Büchern erstaunlich wenig Praxislektüre existiert, habe ich mich entschieden, dieses Buch zu schreiben.

Das Anliegen und Ziel dieses Buches ist, dass die, die nach Lösungswegen suchen, mit diesem Buch das nötige Wissen erhalten, um ihre Pferde entsprechend auszubilden.

Sportliche Grüße

Karl-Heinz Schwab

Historie

Karl-Heinz Schwab kann auf eine jahrzehntelange und sehr erfolgreiche Karriere zurückblicken. Er ist Rekordlandesmeister von Baden-Württemberg. Darüber hinaus ist er erfolgreich auf Deutschen Meisterschaften gestartet. Nicht zuletzt wurde er für Nationenpreise auf internationaler Ebene berufen, um für den Deutschlandkader zu reiten.

Kurzgefasst die wichtigsten Erfolge:

- 4 x Baden-Württembergischer Meister

- Nationenpreissieger

- 1986: Sieger der Hallentour Münster, Bremen, Neumünster

- 1987: 6. Platz bei der deutschen Meisterschaft

- über 130 Siege in der Klasse S

- gute bis sehr gute Ergebnisse bei Landesmeisterschaften sowie Deutschen Meisterschaften von Schülern des Lehrmeisters Karl-Heinz Schwab

I. Dressurreiten

Bevor du anfängst dein Pferd zu arbeiten, solltest du es erst einmal lösen.

Versuche das Pferd am langen Zügel, jedoch stets gegebenem Kontakt zum Pferdemaul, stets vorwärts-abwärts zu reiten und dabei immer die Hinterhand zu aktivieren, denn nur wenn die Hinterhand unter dem Körper ist, kann das Pferd den Rücken aufwölben. Das solltest du circa 5-10 Minuten vor dem Arbeiten und jeweils nach dem Arbeiten praktizieren. Ggf. kannst du dabei auch Trabstangen miteinbeziehen.

Das wichtigste beim Springen ist der Galopp. Im Parcours ist es von großem Vorteil, wenn du problemlos die Galoppsprünge verlängern bzw. verkürzen kannst. Je besser du das hinbekommst, desto leichter hast du es im Parcours (insb. bei den Distanzen). Den größten Fehler den du dabei machen kannst, ist, dass du anstatt den Galopp zu verlängern, das Pferd lange machst. Letzteres geschieht in der Regel immer, wenn das Pferd sich nicht am Bein und auf der Hinterhand bewegt.

Reiten heißt Treiben. Das heißt, ein guter Galopp kommt in erster Linie durch die treibenden Hilfen zustande (Schenkel, Kreuz, Gewicht). Die Zügel sollen eigentlich eine untergeordnete Rolle spielen.

Welche Aufgabe hat der innere Schenkel bzw. äußere Schenkel?

- Der innere Schenkel (der <u>treibende Schenkel</u>)

    Der innere Schenkel treibt das Pferd gegen den äußeren Zügel.

- Der äußere Schenkel (der <u>verwahrende Schenkel</u>)

    Der äußere Schenkel und äußere Zügel schließen das Pferd außen ein.

Merke: Reiten heißt Treiben.

Wenn du die Grundlagen der Schenkel- und Zügelarbeit hinbekommst, brauchst du deinen inneren Zügel immer weniger.

Zu viel Druck am inneren Zügel bringt die Gefahr mit sich, dass dein Pferd auf die Vorderhand fällt und dir auf der Hand liegt (d.h. Zügel). Stattdessen versuche vielmehr mit den Schenkeln zu arbeiten, insbesondere dem inneren treibenden Schenkel.

Gute Übungen zur Aktivierung der Hinterhand sind zum Beispiel:

- Schenkelweichen (auf dem Zirkel)
- Traversalen
- Schulterherein

Dadurch muss das Pferd mit der Hinterhand vermehrt arbeiten und wird sensibler am Bein. Dein Pferd wird *vorne größer* und du hast das Gefühl *bergauf* zu reiten. Mit einem guten Bergaufgalopp wird dein Pferd weniger Fehler mit der Vorderhand machen (Springfehler).

Merke: Die Dressurarbeit ist die Grundlage allen Reitens.

II.   Springreiten

Aufbauend auf einer gesunden Basis

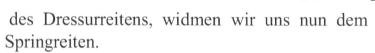

des Dressurreitens, widmen wir uns nun dem Springreiten.

Das wichtigste im Springreiten ist ein *geschlossener Galopp* auf der Hinterhand. Daher muss das Ziel sein, dass du nach jedem Sprung wieder so schnell wie möglich den kontrollierten Galopp wieder zurückbekommst.

Merke: Nach dem Sprung ist vor dem Sprung.

Das Reiten von Parcours wird außerdem sehr erleichtert, wenn das Pferd nach dem Sprung <u>richtig landet</u> und so schneller erneut an die Hilfen gestellt und <u>geschlossen</u> werden kann.

II.I   Richtig Landen

Übung 1 Achterübung über Sprung mit Vorlegstange – Anreiten im Trabe

Gegeben ist ein Kreuz oder ein angemessener Steilsprung. Wir verwenden zunächst eine Vorlegstange hierfür (Vorlegstange Trab: 1,80-2,00m).

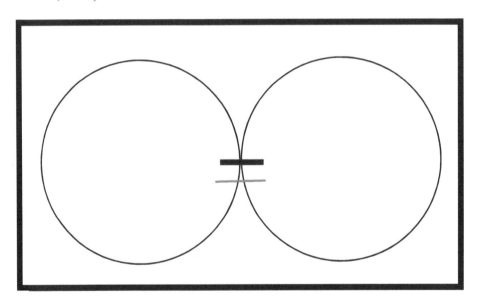

1.   Du startest auf der linken Hand im Trab. Den Trabsprung geradeaus anreiten. Am Absprungpunkt gibst du die Hilfen zum Rechtsgalopp – das Pferd umstellen, das

Gewicht verlagern, rechts landen. Anschließend wieder in den Trab übergehen.

2. Anschließend dasselbe auf der anderen Hand. Auf der rechten Hand im Trabe den Sprung wieder anreiten und dieses Mal die Hilfen zum Linksgalopp geben. D.h. umstellen, Gewicht verlagern, im Linksgalopp landen.

Übung 2 Achterübung – Anreiten im Galopp

Klappt die Übung im Trab ohne Probleme, kannst du sie im Galopp versuchen.

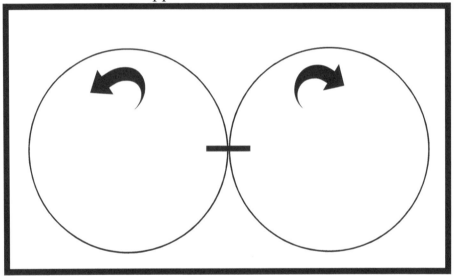

1.   Starte auf der linken Hand im Galopp. Sprung geradeaus anreiten. Am Absprung die Hilfe zum Rechtsgalopp geben und im Rechtsgalopp landen.

2.   Nun kommend von der rechten Hand. Sprung geradeaus anreiten. Am Absprung die Hilfe zum Linksgalopp geben und im Linksgalopp landen.

Übung 3 Landen im selben Galopp auf dem Zirkel – Anreiten im Galopp

Du reitest nun auf dem Zirkel auf der linken Hand geritten über den Sprung, und landest nun aber nicht wie in Übung I und Übung II im Rechtsgalopp, sondern <u>bleibst</u> – sprich landest - auf dem Zirkel im Linksgalopp.

Dasselbe machst du nun auch im Rechtsgalopp. Du reitest auf der rechten Hand den Sprung gerade an, gibst die entsprechenden Hilfen mit Schenkel und Gewichtsverlagerung, und landest im Rechtsgalopp.

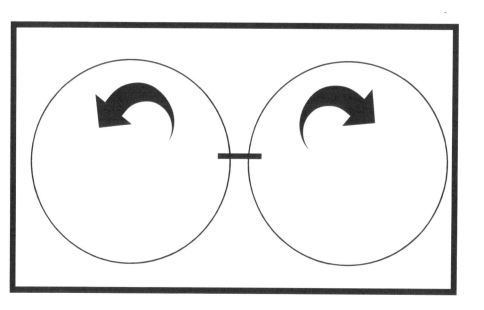

II.II Wendungen Reiten

Jetzt kommt uns zu Gute, was wir gelernt haben, nämlich auf der richtigen Hand zu landen. Auch in den folgenden Übungen ist es wichtig, dass du dein Pferd nach dem Sprung schnellstmöglich wieder von hinten schließt und an die Hilfen stellst, sodass du einen guten Bergaufgalopp zustande bekommst.

Zur Übung:

Reite die Sprünge ihrer Reihenfolge nach an. In dieser Übung wird insbesonders das richtige Landen und das Kontrollieren nach dem Sprung trainiert. Du kannst die Übungen nach Bedarf mehrmals wiederholen.

Übungsbeispiel 1

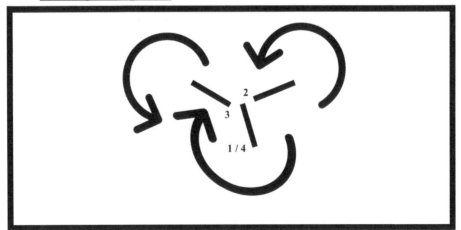

Übungsbeispiel 2

Übungsbeispiel 3

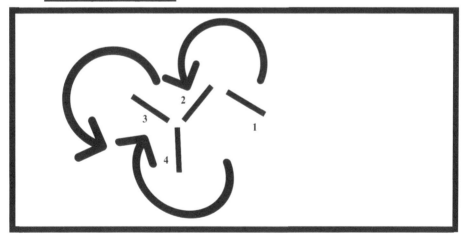

Übungsbeispiel 4

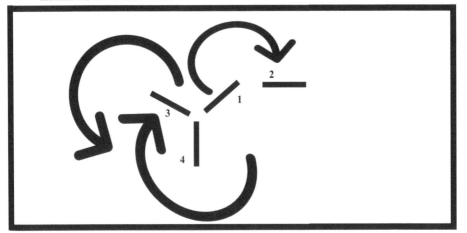

Wenn du diese Übung regelmäßig machst, wirst du im Parcours weniger Schwierigkeiten haben die Kontrolle nach dem Sprung wieder zu bekommen.

Nicht zuletzt ist diese Übung auch ideal zum Lockern der Pferde aufgrund von den andauernden vielen Wendungen und Richtungswechseln.

II.III Distanzen Reiten

Bei dem Reiten von Distanzen ist es wichtig, wie du über den ersten Sprung der Distanz kommst. Nach dem Landen des ersten Sprunges einer Distanz, solltest du grundsätzlich immer versuchen, das Pferd so schnell wie möglich zu schließen. Je nach Gelingen des ersten Sprunges, muss der Galopp nach vorne verlängert oder etwas zurück verkürzt werden.

Haben wir eine klare Distanz (22m/25m/28m), und du kommst groß über den ersten Sprung, dann darfst du das Pferd nicht einfach rennen lassen, sondern du solltest den Galopp etwas verkürzen. Kommst du sehr eng über den ersten Sprung, solltest du versuchen den Galopp etwas nach vorne zu verlängern.

Übungen zu Distanzen

Übung 1

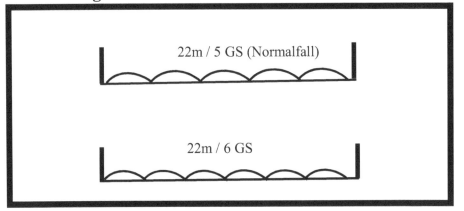

22m / 5 GS (Normalfall)

22m / 6 GS

Abgebildet siehst du eine Distanz von 22m mit 5 Galoppsprüngen.

Wenn du bei der oberen Distanz normal über den ersten Sprung kommst, kannst du die Distanz im normalen Galopp reiten. Kommst du zu dicht an den ersten Sprung, musst du jedoch beim Landen sofort den Galopp verlängern, um die 5 Galoppsprünge zu schaffen.

Bei der unteren Distanz *'mit einem weniger'* (hier also 6 Galoppsprünge auf 22m) solltest du versuchen, den ersten Sprung etwas dichter anzureiten. Beim Landen versuche sofort deinen Galopp zu verkürzen (sofort).

Übung 2

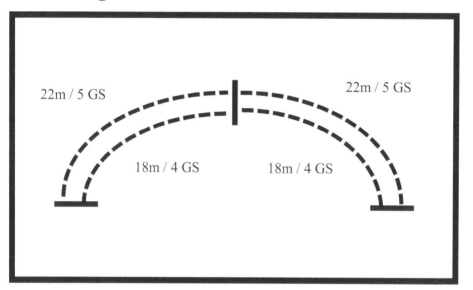

22m / 5 GS 22m / 5 GS

18m / 4 GS 18m / 4 GS

Bei dieser Übung versuche zunächst die Außenbahn zu reiten mit 5 Galoppsprüngen (22m).

Anschließend versuche die Innenbahn mit 4 Galoppsprüngen zu reiten.

Übung 3

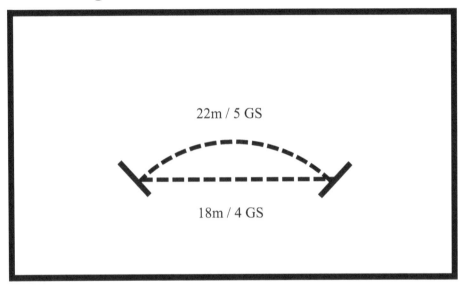

22m / 5 GS

18m / 4 GS

Bei dieser Übung immer zuerst den großen Weg reiten, insbesondere mit jungen und unerfahrenen Pferden.

Der gerade Weg ist der schnellere Weg, aber du musst beide Sprünge in diesem Fall schräg anreiten.

Übung 4

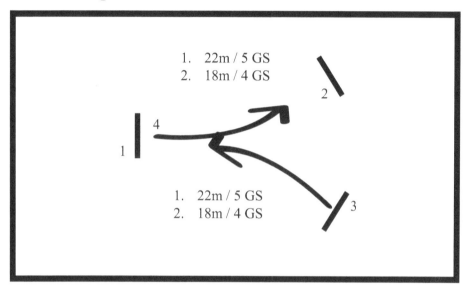

1. 22m / 5 GS
2. 18m / 4 GS

1. 22m / 5 GS
2. 18m / 4 GS

Diese Übung stellt eine Folge von 2 gebogenen Distanzen dar.

1. Versuche zunächst beide Distanzen über den langen Weg zu reiten mit 22m und 5 Galoppsprüngen.

2. Anschließend versuche jeweils den geraden Weg zu reiten mit 18m und 4 Galoppsprüngen.

(wie in Übung 3 zuvor)

II.IV Reiten von Kombinationen

Hier gilt dasselbe wie bei den Distanzen. Im Grunde genommen ist eine Kombination nichts weiteres als eine Distanz mit einem oder zwei Galoppsprüngen.

Kommst du zu dicht an den Einsprung, musst du sofort nach dem Landen versuchen, den Galoppsprung zu verlängern, um näher an den zweiten Sprung der Kombination zu kommen.

Kommst du zu groß über den Einsprung, versuchst du sofort nach dem Landen den Galoppsprung zu verkürzen.

Bei Kombinationen hat das Wort SOFORT eine wortwörtliche Bedeutung.

Merke: Bei Kombinationen sollte die Absicht stets sein, ruhig über den ersten Sprung zu kommen.

Übung 'Steil-Steil'

Gegeben (Siehe unten): Kombination mit 1 Galoppsprung, 6,00m Abstand, mit Fuß (20cm Stange vor Einsprung jeweils)

Durchführung:

Du fängst niedrig an und versuchst den Einsprung dicht anzureiten. Danach die Kombination langsam höher machen.

Zweck der Übung:

Ich habe aus langjähriger Erfahrung herausgefunden, dass diese Übung sehr gut für die Basküle (=den Rücken des Pferdes) ist. Gleichzeitig lernen die Pferde zwischen den Sprüngen zurückzukommen und lernen die Vorderbeine besser anzuwinkeln.

Bildliche Darstellung der Übung

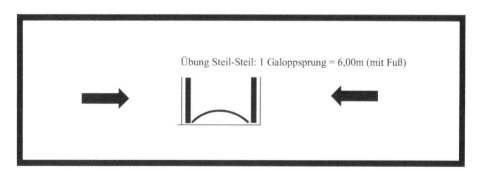

Übung Steil-Steil: 1 Galoppsprung = 6,00m (mit Fuß)

Die Standardmaße der Distanzen

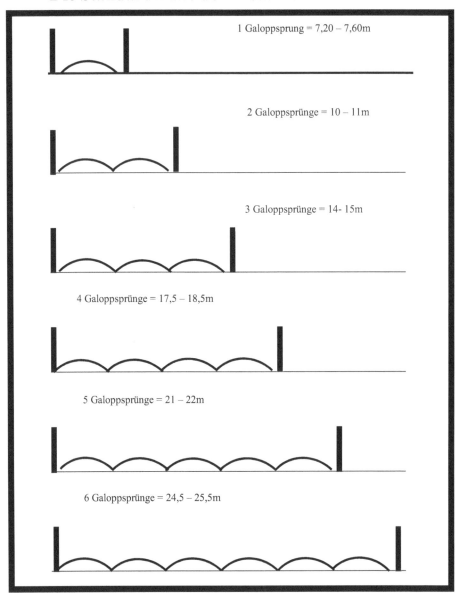

1 Galoppsprung = 7,20 – 7,60m

2 Galoppsprünge = 10 – 11m

3 Galoppsprünge = 14- 15m

4 Galoppsprünge = 17,5 – 18,5m

5 Galoppsprünge = 21 – 22m

6 Galoppsprünge = 24,5 – 25,5m

Übungsparcours

Nachdem nun die Basis des Springreitens gegeben ist, habe ich nachfolgend noch den ein oder anderen Übungsparcours für dich zusammengestellt. Wie schon bei den Übungen zuvor, solltest du die Höhe der Sprünge individuell mit deinem Trainer abwägen.

Übungsparcours 1 (Halle 20m x 60m)

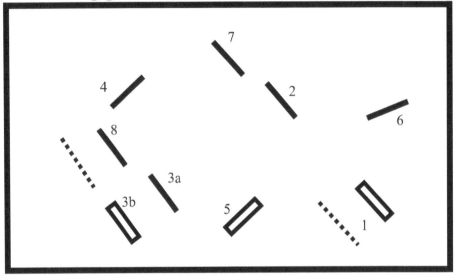

Relevante Maße:

2 auf 3:	18m
3a auf 3b:	7,60m
4 auf 5:	22m
6 auf 7:	25m
7auf 8:	18m

Übungsparcours 2 (Halle 20m x 60m)

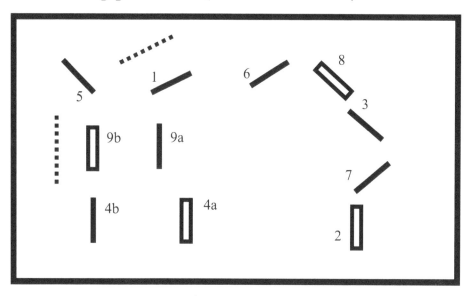

Relevante Maße:

1 auf 2:   28m

3 auf 4:   25m

5 auf 6:   22m

6 auf 7:   17,80m

8 auf 9:   22m

Übungsparcours 3 (Halle 20m x 60m)

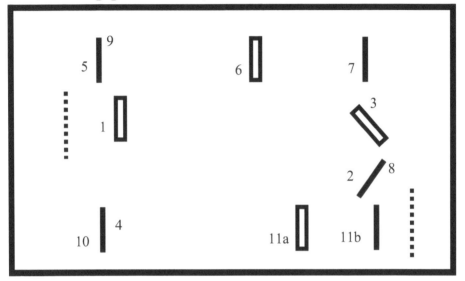

Relevante Maße:

1 auf 2:	25m
3 auf 4:	28m
5 auf 6:	17,80m
6 auf 7:	14,70m
8 auf 9:	28m
10 auf 11:	22m
11a auf b:	10,50m

Übungsparcours 4 (Halle 20m x 60m)

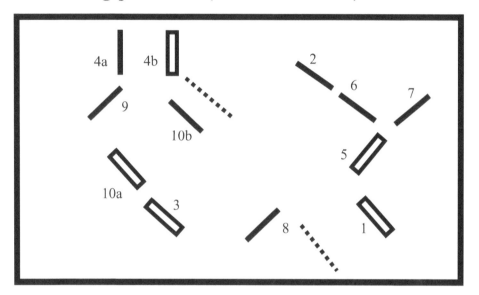

Relevante Maße:

2 auf 3:   18m

4a auf b: 7,60m

4b auf 5:   22m

8 auf 9:   22m

10a auf b: 10,50m

Übungsparcours 5 (Halle 20m x 60m)

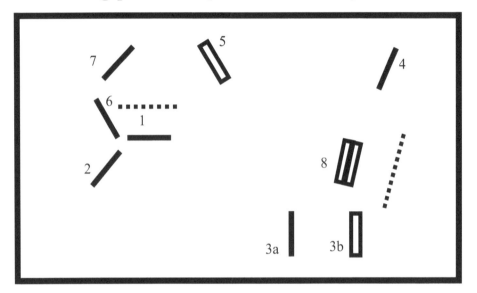

Relevante Maße:

2 auf 3:   22m

3a auf b: 10,80m

4 auf 5:   22m

5 auf 6:   18m

7 auf 8:   25m

Übungsparcours 6 (Halle 20m x 40m)

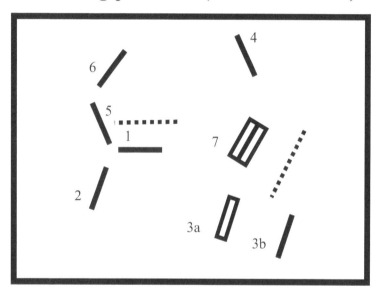

Relevante Maße:

2 auf 3a:	17,50m
3a auf b:	7,40m
4 auf 5:	18m
6 auf 7:	17,50m

Übungsparcours 7 (Halle 20m x 40m)

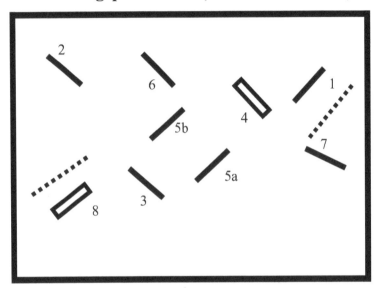

Relevante Maße:

1 auf 2:   25m

3 auf 4:   14,50m

5a auf b: 7,60m

Schlusswort

Ich hoffe, ich konnte dir mit diesem Buch weiterhelfen.

Solltest du noch Fragen haben oder Hilfe benötigen, kannst du dich gerne bei mir melden.

Mobil: +49176 - 47125009

Sportliche Grüße

Karl-Heinz Schwab

Angebot & Kontakt

Angebot 1 -Reitunterricht:

Reitunterricht je nach Absprache in Form von Einzelunterricht oder Gruppenunterricht. (ggf. auch in Form eines Lehrgangs)

Angebot 2 – Parcoursbau:

Parcoursbau als Parcourschef bis Klasse S.

Lizenz ist vorhanden.

Kontakt:

Mobil: +49176 - 47125009

Mail: kh.schwab99@gmail.com

Referenzen:

Youtube-Channel 'Karl-Heinz Schwab'

Printed in Poland
by Amazon Fulfillment
Poland Sp. z o.o., Wrocław

35805517R00020